Mes moines de Vagabondia

Andress Floyd

Writat

Cette édition parue en 2024

ISBN : 9789359940526

Publié par
Writat
email : info@writat.com

Contenu

Introduction ....- 1 -

UN VOYAGE À NOTRE MONASTÈRE ....- 3 -

MARIE ET LE BÉBÉ ....- 6 -

MON PROBLÈME AVEC SLIPPERY JIM ....- 10 -

NOTRE AMI, L'ANARCHISTE. ....- 18 -

UN Mendiant pudique ....- 23 -

FRITZ ET SON CADRAN SOLAIRE ....- 25 -

LE SERVEUR QUI N'A PAS ATTENDÉ ....- 30 -

COMPOSE D'UN CRIME ....- 33 -

LE DÉCÈS DE SULLIVAN ....- 37 -

QUAND SOEUR APPELLE ....- 42 -

L'ÉTOILE DU SOIR D'EDISON ....- 46 -

DANS LE MONDE DE L'ERREUR ....- 49 -

LES DEUX JEANS ....- 51 -

Introduction

MES MOINES DE VAGABONDIA comprend des histoires factuelles sélectionnées à partir des anciens fichiers du Self Master Magazine. Je souhaite présenter l'homme vaincu, tel qu'il est réellement, au lecteur qui ne peut manquer d'apprécier l'humour et la tragédie qui caractérisent sa vie capricieuse. Le lien de sympathie doit s'éveiller entre nous et le soi-disant prodigue .

Une plus grande publicité devrait être donnée à l'œuvre d'élévation unique mais pratique que j'ai fondée et poursuivie au cours des cinq dernières années auprès de ces frères les plus faibles.

Les histoires expliquent en partie les méthodes et les plans de la Famille des Maîtres de Soi.

C'est — nous le croyons — le seul livre dans lequel un écrivain tire ses faits et ses histoires directement d'une expérience de vie avec des hommes exclus.

De plus, le volume est imprimé, relié et illustré par des invités inattendus : les moines itinérants dont on raconte les histoires et qui habitent dans notre soi-disant monastère.

Le jour approche où les hommes brisés auront de belles, quoique simples, maisons de leur propre fabrication, sur le modèle de l'idée du groupe The Self Master Colony. Ils seront établis en dehors des différentes villes du monde et ouverts avec hospitalité à tous les hommes qui viennent dans leurs heures de besoin ou de faiblesse, cherchant la maîtrise de soi et la paix qui l'accompagne .

Les profits de la vente de ces histoires servent à l'achat et à l'installation d'équipements indispensables à l' imprimerie et à la reliure. Grâce à cet équipement, les hommes peuvent acquérir leur propre indépendance, industriellement et socialement.

Lorsqu'un homme a vécu des mois et des années asservi par une habitude vicieuse – autodestructrice et insouciante des conséquences – son subconscient est une matrice sensible sur laquelle l'histoire sordide est profondément gravée . Le changement certain ne peut survenir que lorsque l'homme apprend les valeurs et les respecte par une vie juste.

Le moi subconscient entreprend lentement une réforme complète. Une mauvaise habitude ne prend pas immédiatement le contrôle de l'homme et, une fois qu'elle est sous contrôle, son emprise n'est pas brisée par une faible affirmation ou un phénomène miraculeux.

L'espoir vient lorsque l'on détourne sa pensée du destructeur vers le constructif et que l'on vit à la vue de la foi nouveau-née jusqu'à ce que la sagesse lève le voile obscur et que la liberté suive comme son héritage légitime.

La Colonie Maître de Soi offre une porte ouverte à l'homme découragé pendant la période de son éveil à sa véritable force et l'aide, par ses soins constants et sa sympathie, à retrouver son vrai moi.

ANDRES FLOYD.

UN VOYAGE À NOTRE MONASTÈRE

Si un moine pèlerin vient de régions éloignées pour demeurer avec nous, et se contente des coutumes qu'il trouve dans le lieu, et ne dérange pas par hasard le monastère par ses prodigalités, il sera reçu.

— Saint Benoît.

Un voyage à notre monastère

L' homme avait parcouru toute la distance depuis New York jusqu'à la famille Self Master. En vérité, il avait parcouru plus de la distance, car une ou deux fois il s'était égaré – comme beaucoup d'hommes l'ont fait dans d'autres domaines de la vie. Péniblement, il était revenu sur ses pas vers la bonne route. Les erreurs avaient lourdement pesé sur ses forces défaillantes. Ils l'avaient rendu encore plus fatigué avec tout cela. Il ne fait aucun doute que les erreurs sont merveilleusement éducatives ; ils rendent les hommes plus sages, et donc meilleurs, car en dernière analyse sagesse et bonté sont synonymes.

Il se plaignit amèrement de la dureté de son sort et ne trouva guère de réconfort à l'idée qu'il pourrait arriver trop tard à la Colonie pour le repas du soir.

Son ami qui l'avait rencontré marchant sans but dans Broadway lui assura qu'il y avait toujours une cafetière bouillante sur la cuisinière à l'ancienne dans la cuisine des garçons et que la Colony House ne fermait jamais ses portes.

Pour un homme qui sent que toutes les portes du monde lui sont fermées , il est réconfortant de penser qu'il existe réellement un endroit où il peut trouver un accueil. Son ami avait déclaré qu'aucune question ne lui serait posée à son arrivée, aucune enquête.

« Aucune enquête », marmonna-t-il à voix haute, « Dieu merci ! Il est plus facile pour un chameau de passer par le trou d'une aiguille que pour un homme déprimé de convaincre l'association caritative professionnelle qu'il a vraiment faim . Je pense qu'ils m'auraient fait un cadeau lors de leur dernière enquête si j'avais pu leur dire dans quelle ville ma mère est née.

Il sourit avec un faible cynisme face à la folie de ses pensées, puis devint soudain sérieux, car sur le flanc d'une colline, devant une grande maison coloniale, gravée en pierre blanche, se trouvaient les mots « Les maîtres de soi ». Il s'arrêta et étudia la scène calme et familiale depuis la route. Pendant tous ces kilomètres fatigants, il était venu demander de la nourriture et un abri, et maintenant son courage semblait lui faire défaut. Il s'assit au bord de la route et sortit tranquillement sa pipe de sa poche. Puis il préparait le tabac avec le plus grand soin, remplissait la pipe et l'allumait.

« LES AUTO-MAÎTRES »

il a épelé les lettres sur le panneau ; « Qu'est-ce que c'est que ça ? – Maîtrise de soi – Maîtrise de soi – Maîtrise de soi. Vieil Homme, si tu avais déjà eu un peu de cette maîtrise de soi dans ton maquillage, tu ne serais pas un chevalier de la route poussiéreuse !... Tu ferais mieux de retourner dans l'East Side où tu connais le pays ; où personne ne se soucie de savoir si vous vivez décemment ou non – si vous pouvez acheter.

Puis le son d'un piano et de voix masculines lui parvint et l'éveilla à une nouvelle pensée. « C'est un Monastère – un Monastère de Vagabondia », dit-il, « et pourquoi pas ? Pourquoi un homme, même un sans-abri, n'aurait-il pas, s'il vous plaît, son Monastère où il puisse oublier son passé et vivre proprement ? S'il ne vit proprement qu'un jour et tombe... C'est quelque chose dont il ne faut pas se souvenir – un jour dont il n'a pas à avoir honte, qui sait si ce n'est que dans un seul jour de vie désintéressée, un homme est plus véritablement lui-même. qu'il ne l'est à tous les autres jours de ses années vicieuses.

« Tout au long de sa longue vie, Moïse fut le chef de son peuple, mais c'est ce jour-là qu'il parla avec Dieu, face à face, que son visage brillait comme le soleil. Ce n'est pas lorsqu'il tua l'Égyptien et, effrayé, qu'il l'enterra dans le sable ; c'est lorsqu'il se tenait en présence de la Divinité que Moïse était Moïse. Quand l'ivrogne est sobre, quand le menteur dit la vérité, quand le voleur donne une mesure honnête, quand le meurtrier est gentil avec son prochain, alors, et alors seulement, est la véritable expression de la découverte du Soi.

Il tira lourdement sur sa pipe puis dit en souriant : « Ma pipe est éteinte ! » Il jeta les cendres dans sa main et les jeta au vent, gravement, comme s'il s'agissait d'une cérémonie religieuse. Puis il épousseta ses chaussures et ses vêtements, et se redressant de toute sa hauteur, il marcha courageusement jusqu'à la porte d'entrée de la maison.

... Un corbeau noir, en retard dans son retour à la maison , quitta son voleur de maïs et, se levant, vola à travers le ciel jusqu'à son aire dans les pins.

MARIE ET LE BÉBÉ

"Et un petit enfant les conduira."

— *Isaïe.*

Marie et le bébé

IL EST RÉSOLU que le lait de vache à l'ancienne est meilleur pour notre bébé que n'importe quel aliment préparé.

Le débat sur ce sujet débutera jeudi soir prochain à 19 heures. Les conservateurs de notre Colonie se prononceront en faveur du lait de vache comme aliment pour bébé. Les progressistes parleront en faveur des plats préparés.

Les règles parlementaires régissant le débat seront les mêmes que celles qui régissent un match de lutte « catch-as-catch-can ».

Aucune frappe ne sera autorisée tant que les efforts médico-légaux ne se seront pas révélés efficaces. Lorsque toute discussion ultérieure devient inutile, les gants de boxe de trois onces, récemment offerts, peuvent être utilisés pour forcer une décision. En fait, plusieurs des garçons qui parlent peu s'entraînent avec des gants, afin de pouvoir devenir des facteurs dans la solution finale du problème.

En revanche, la coterie littéraire est en profonde étude. Un garçon lit des ouvrages de référence sur le sujet dès qu'il en trouve le temps. Un autre encore se bande les yeux et ouvre la Bible au hasard, à la recherche de conseils spirituels sur l'alimentation des nourrissons. Bien entendu, la Cour d'appel finale sera Sa Seigneurie, le bébé elle-même.

Elle en sait déjà beaucoup sur les crackers et les aliments du petit-déjeuner, et elle est bien trop intelligente pour ne pas avoir sa propre opinion sur les propriétés diététiques du lait et de ses substituts.

Et maintenant, il serait peut-être utile de raconter comment nous en sommes arrivés à avoir un bébé de dix mois dans notre colonie.

Nous sommes apparemment une colonie de jeunes hommes – des hommes et des garçons qui tentent de se relever et de devenir indépendants et autonomes. Mais si quelqu'un vient nous voir affamé, nous aimons lui offrir quelque chose de plus comestible qu'une carte d'association caritative professionnelle.

Si la faim avait retardé son arrivée d'une semaine supplémentaire, notre bébé et sa mère auraient pu être poussées à demander de la nourriture et un abri la veille de Noël. Or, ils sont venus nous voir le 19 décembre , à dix heures du soir. Ils n'avaient pas d'autre endroit où dormir que le poste de police local, et ce n'est pas un endroit pour un petit bébé – même les hommes forts s'affaiblissent sous la froideur de son hospitalité.

Ainsi , à leur arrivée, les garçons qui se retiraient pour la nuit, tinrent une conférence. Notre offre de lits et de literie n'équivalait même pas à la demande formulée par les garçons eux-mêmes. Mais cela ne les fit pas hésiter, et tous s'accordèrent sur le fait qu'il ne fallait pas refuser les nouveaux venus. Un garçon a immédiatement abandonné sa couverture, le deuxième sa couette, le troisième son lit. De cette façon, la mère et le bébé étaient confortablement installés pour la nuit, sans se rendre compte qu'ils enlevaient quoi que ce soit à ceux qui n'avaient rien de trop. Mais les hommes sans-abri se montrent rapidement sympathiques, car ce qu'ils savent de la faim et du froid n'est pas entièrement du ouï-dire.

Le lendemain , nous avons entrepris de prendre des dispositions plus permanentes pour le bébé et Mary, sa mère. Nous avons commencé à chercher des lits. Nous avons demandé à deux ecclésiastiques au bon cœur s'ils pouvaient obtenir un lit pour nos nouveaux arrivants. L'un d'eux m'a téléphoné plus tard dans la journée pour me demander de quelle ville étaient originaires ces pauvres gens et lorsque je l'ai informé, il m'a répondu : "Cette femme aurait dû s'adresser à l'association caritative de la ville d'où ils venaient. Si le cas était digne, une aide serait accordée.

Dignes ou indignes, nous n'avions pas envie de renvoyer le bébé. Elle faisait ses dents et était agitée, et un bébé qui fait ses dents et qui est agité n'est peut-être pas aussi digne que celui qui sourit et le supporte.

L'autre ministre a déclaré : « Le travail merveilleux que l'Église accomplissait n'avait pas tant à voir avec les pauvres dans cette vie que dans l'au-delà. » Or en vérité, alors que la mère était découragée et ne se souciait pas de la vie pour elle-même, elle avait de l'ambition pour son enfant, donc elle ne pouvait pas prétendre et demander de l'aide dans ces conditions.

Les garçons fabriquaient eux-mêmes deux lits en bois et aménageaient une chambre pour le bébé, tandis que la mère aidait à son tour les jeunes hommes dans la cuisine.

Le bébé est devenu fort et en bonne santé. Elle aime ses grands frères avec tout leur bruit et leurs chahuts, et ils aiment leur bébé. Voir des hommes sans-abri brutaux chanter des berceuses à un bébé dans les bras, se féliciter lorsqu'elle s'endort, bercés par le bourdonnement monotone d'une chanson de berceau qu'ils croyaient eux-mêmes avoir oubliée depuis longtemps, pourrait renouveler la foi dans la bienveillante humanité qui vit dans chaque cœur.

Le Christ n'a-t-il pas dit : « Et quiconque recevra un de ces petits enfants en mon nom, me recevra ? »

LE PÈRE DU BÉBÉ

Maintenant, ce bébé a un père. Il a vécu en Russie et est venu en Amérique pour gagner de l'argent. L'un de ses frères aînés se trouvait déjà dans l'État de New York et, d'après ses lettres envoyées par-delà la mer, il était clair que les opportunités de richesse aux États-Unis étaient des plus prometteuses.

Le frère aîné était devenu riche – très riche – en travaillant dans les chemins de fer. Il ne gagnait jamais moins de neuf dollars par semaine, et maintenant qu'il parlait anglais, il en gagnait douze.

De telles histoires de richesses facilement acquises ont incité Jean, comme nous l'appelons, à quitter sa patrie avec sa femme et son enfant. Mais malheureusement pour John et sa famille, ils ont atteint l'Amérique lors de la récente panique. Des milliers d' ouvriers étaient inactifs. À New York, John ne trouvait aucun travail. Même le frère riche ne travaillait qu'une partie du temps et, ayant sa propre femme et ses enfants, il n'avait rien à partager avec John et sa famille. Alors John s'est éloigné à la recherche d'un emploi.

Les quelques dollars qu'il avait emportés avec lui s'épuisèrent et, même s'il étudiait l'anglais le soir, il le parlait de manière irrégulière. L'un des garçons de la colonie a déclaré qu'il parlait en « Kindlewood ».

Alors qu'il cherchait un emploi, aucune nouvelle n'est parvenue à sa femme et à son enfant. Certains disaient que John ne reviendrait jamais. Mais Marie croyait en lui. Elle a dit qu'il avait toujours aimé le bébé et qu'il savait qu'elle-même pouvait travailler. Mais parfois même elle doutait quand les semaines se succédaient et qu'aucune nouvelle ne venait.

Un jour, alors qu'un des garçons se rendait à New York, elle l'appela doucement à part et lui dit : « Tu verras John à New York, je pense... Grand homme, cheveux clairs... dis-lui de rentrer à la maison , tu vois. Bébé... Je le veux.

Mais John n'a pas été vu à New York.

Ce n'est qu'il y a quelques jours qu'il est revenu. Il avait voyagé à travers l'État de New York et jusqu'au Massachusetts. Pas de travail, pas de travail partout ! Parfois, il avait marché. Parfois, il avait sauté un fret. Tout cela en vain. Il avait voulu écrire une bonne nouvelle à Marie, mais il n'avait aucune bonne nouvelle à écrire. Toujours une mauvaise nouvelle. C'était un échec. Il aurait souhaité pouvoir en finir avec tout cela, mais la pensée du bébé l'avait poussé à poursuivre sa recherche d'emploi.

Finalement, un jour, un homme riche de Montclair avait besoin d'un jardinier. Cet homme était riche – pas riche comme son frère – mais il possédait des maisons et des acres de ferme splendide. Il paierait un salaire de deux dollars par jour à un homme disposé à travailler. Cela semblait trop beau pour le croire. Il se dépêcherait de retourner vers son bébé et Mary. Ils doivent connaître la bonne nouvelle.

Alors il est venu et a dit à Mary qu'il avait un travail et une petite maison pour elle et le bébé. Ils seraient riches comme son frère.

Alors Mary est allée avec John et ils ont emmené leur bébé, tous attachés dans des châles.

C'était hier, lundi, donc il n'y aura pas de débat jeudi sur la question de savoir si le lait de vache à l'ancienne est meilleur pour les bébés que les aliments préparés.

Parce que nous, les hommes sans abri, avons perdu notre bébé.

L'un des garçons a demandé au président – un autre garçon – s'ils accepteraient de tenir le débat, maintenant que le bébé était parti ?

"Au diable ça", a répondu le président de séance.

Ce qui précède est une histoire vraie et, pour The Self Master Colony, tout cela fait partie du travail quotidien.

MON PROBLÈME AVEC SLIPPERY JIM

"Quand un garçon va en prison, un citoyen meurt."

—*Jacob Riis*

Mon problème avec Slippery Jim.

« MON rasoir est parti hier pour un ragoût de bœuf », m'a raconté le jeune casse-cou . « Non pas que je sois un de ces tourneurs de col et de cravate , poursuivit-il, qui cherchent à donner l'impression qu'ils sont des gentlemen en détresse, vous parlant de leur famille du Sud et d'une fortune dilapidée alors qu'en fait, ils n'ont jamais été plus au sud que Coney Island... Mais lorsqu'un type décide de vendre son rasoir, il est sur le point de commettre un acte qui coupe la veine jugulaire de sa respectabilité.

"Il a beau s'être rasé et soigné tout à l'heure avec le plus grand soin, il est néanmoins presque prêt à rejoindre les rangs des plus démunis. Un homme peut vendre ses autres biens, y compris ses vêtements, et pourtant conservez au moins une suggestion de son *sang-froid* . Mais quand le rasoir passe... "

« Ensuite, il pourra se faire raser gratuitement à l'école des barbiers », suggérai-je.

"Cela n'aide que pendant un jour ou deux", a-t-il poursuivi. « Mieux vaut baisser les bras tout de suite et en finir. Quel homme à moitié malade d'inquiétude prendrait la peine d'écouter un élève ambitieux dire : « Maître, dois-je raser le côté droit de son visage vers le haut ou le raser vers le bas ? » - et « Maître, comment raser la lèvre supérieure sans couper ? » il?' et : « Maître, si je le coupe, dois-je le désinfecter avec du phénol ou du peroxyde avant de mettre la nouvelle peau ? » – Pas d'école de barbier pour moi. Il vaut mieux devenir philosophe sur-le-champ : les vieux philosophes et prophètes avaient de longues barbes... Parlons de se rapprocher de la nature environ trois jours après qu'un homme a vendu son rasoir, la nature se rapprochera de lui, et s'il n'est pas aussi imberbe qu'un Indien d'Amérique, il sera convaincu, lorsqu'il se verra dans un miroir, de la véracité de la théorie darwinienne .

« En Russie, dis-je, la barbe est l'insigne de sainteté du patriarche. »

« Il en va de même à Jersey et dans plusieurs autres États », a-t-il répondu. "Beaucoup de soi-disant vagabonds avec une barbe de deux semaines sur le visage peuvent n'être au fond qu'un respect consciencieux de la loi - car c'est un délit dans le New Jersey de porter un rasoir. Il est légalement déclaré que c'est un délit dissimulé. Beaucoup de pauvres coquins contre lesquels une accusation de vagabondage ne pouvait être retenue ont trouvé la situation bien pire pour lui et ont été contraints d'aller en prison pour port d'arme dissimulée en forme de rasoir. À Jersey, comme en Russie, la barbe n'est peut-être qu'une preuve d'honneur... L'homme bien rasé qui frappe à votre porte et gagne la confiance de l'épouse sans méfiance avec cette platitude éculée de Vagabondia , "Madame, tout ce que je le besoin, c'est du travail », peut avoir une arme dissimulée sur sa personne, tandis que le vagabond mal rasé, dont la vue fait verrouiller les portes aux femmes, peut être un homme sans abri qui a vraiment besoin de travail et qui préfère avoir une apparence négligée plutôt que de trouver un emploi par hasard. peine de prison pour port d'un rasoir."

« Alors tu as vendu ton rasoir ? J'ai demandé.

« Ce n'est pas parce que j'essaie de rivaliser en sainteté avec votre patriarche russe. Je l'ai vendu parce que je suis désespéré.

"Alors vous n'aviez pas peur de l'accusation de délit ?"

Il m'a répondu avec un rire que je n'ai pas aimé, et j'ai tâté rapidement pour voir si ma montre était toujours en ma possession.

« Je ne veux pas de ta montre, dit-il, mais ce n'est pas la peur de purger une peine qui me retient. Je sais ce que mon ami a écrit sur moi. J'ai décidé de jouer au carré. Vous ne le croirez peut-être pas. Vous avez entendu trop de témoignages de mission pour y croire beaucoup. Mais si je vis bien, ce n'est pas parce que mon cœur est adouci, mon cœur est froid et dur comme un pavé.

"Votre ami a écrit que vous n'étiez pas un si mauvais garçon."

" Ne le croyez pas. À Elmira, ils ont un système de pourcentage, et si un homme dépasse un certain pourcentage, il peut conquérir sa liberté. Pendant les quatre années que j'ai passées là-bas, j'étais en sécurité dans le pourcentage requis - tout ce que j'avais à faire. J'étais à quelques jours de liberté. Avez-vous déjà ressenti de la haine – de la haine pure ? Shylock l'a ressenti lorsqu'il a refusé d'accepter de l'argent pour annuler la caution d'Antonio ; mais il marmonna seulement : « J'aurai ma livre de chair de charogne. Je sais ce qu'il a ressenti. La nuit, après des semaines et des semaines d'études et de travail patient, après des mois de bonne conduite, lorsque j'ai joué à leur jeu et gagné la chance de la liberté, j'ai sauté de mon lit. et j'ai frappé les bars et j'ai crié et injurié contre eux tous, jusqu'à ce qu'ils me mettent dans le cachot et me prennent mon pourcentage élevé que j'avais perdu un an cette fois-là.

« Est-ce que les barreaux de la prison vous retiennent toujours ? » lui ai-je demandé.

"Que veux-tu dire?"

« Vous agissez comme un fou lorsque vous parlez du passé. Certains hommes ne peuvent jamais se débarrasser de l'idée de leur emprisonnement. Cela régit leur vie. Ils ne pensent qu'à la prison et aux crimes qui en découlent. Il n'y a aucun espoir pour eux. Ne voyez-vous pas que ce sont vos idéaux qui vous asservissent ou vous libèrent ? Ne vois-tu pas que tu es libre ?

"C'est très dur", dit-il, "mais je veux oublier. Mon ami m'a envoyé vers toi. Il a dit que tu connaissais le chemin de la liberté et que tu m'aiderais. Des jours et des jours j'ai attendu que tu viennes à moi. Mon père ne voulait pas de moi à la maison, mes amis m'ont quitté, mon argent a diminué – mes vêtements ont disparu, mon rasoir – et toujours tu ne venais pas. Parfois, je rencontrais un garçon qui me parlait de ton travail . Parfois, je doutais de tout ce que j'avais entendu, et puis je devenais indifférent – marmonnais une prière ou planifiais un crime. Enfin, la lettre arrivait, je savais que j'étais mis à l'épreuve, et j'essayais d'être ferme. Mon Dieu, une telle épreuve ! Qu'est-ce qui tient un homme ? J'avais faim, mais je savais voler ; j'avais besoin d'argent, et je savais où je pouvais voler avec une sécurité raisonnable. J'ai pensé que c'était ma confiance en toi.

"Vous voulez dire que notre colonie vous a donné un espoir."

«Oui», dit-il.

«J'ai peur de t'accueillir dans ma famille», lui ai-je dit.

« De peur de te voler ? dit-il froidement.

"Non pas ça; Je crains que vous ne puissiez pas laisser vos pensées de prison derrière vous lorsque vous entrerez dans la colonie.

"Si vous m'aidez", dit-il pensivement, "je pense que je peux recommencer."

"Promettras-tu de ne jamais me parler, ni à personne, de ta vie passée ?"

"Je n'en parlerai plus."

« Ensuite, vous pourrez vous accompagner jusqu'à la porte d'entrée et là, je déciderai si je peux vous accueillir. »

Sur le chemin de la ferme, nous avons parlé de beaucoup de choses, car il avait beaucoup lu et beaucoup voyagé. Nous n'avons fait aucune mention de la famille ou de son travail, mais alors que nous approchions de la Colony House, je me suis arrêté.

« Dis-moi, dis-je, est-ce qu'on t'a appris un métier à Elmira ? »

« Je suis couvreur métallique de métier », a-t-il déclaré.

« Avez-vous appris le métier en prison ? Je lui ai demandé.

"Je pense que vous me prenez pour un autre homme," répondit-il doucement. "Je ne connais rien à la vie en prison."

« Que veux-tu dire, non seulement ton ami m'a dit que tu avais purgé une peine, mais tu me l'as dit toi-même ? Dis-je sévèrement.

Il m'a regardé calmement en face, mais il avait les larmes aux yeux.

"Je n'aurais pas pu vous le dire, car si je vous avais dit un mensonge aussi stupide, je m'en serais souvenu. Parlons d'autre chose."

"Très bien", dis-je agréablement. Il essayait d'oublier le passé.

A ce moment nous parvint la clameur vigoureuse d'une vieille cloche de vache.

"C'est la cloche qui appelle les garçons à leur repas du soir."

"Oui?"

« Venez, dépêchons-nous, afin que nous soyons servis à la première table, car vous avez faim.

II

Les saints Védas nous enseignent qu'à mesure que nous passons de vie en vie, le temps place ses doigts doux sur les yeux de la mémoire, de peur que nous ne soyons découragés par les erreurs passées et que nous ne fassions esclaves des peurs de ce que nous avons été. Comme l'enfant qui, après avoir résolu un problème sur sa liste, efface tout pour ne garder que la réponse, ainsi nous avons dans notre vie d'âme le résultat de nos expériences passées ; tout le reste est effacé.

Qui se soucie du récit détaillé de tous les événements survenus sur le chemin que nous avons parcouru ? Nous savons intuitivement qu'une grande partie du passé doit être condamnée, mais ce qui nous préoccupe au plus haut point est la vie que nous souhaitons vivre aujourd'hui.

La nuit se termine sur les chagrins d'hier. L'aube rayonne avec la promesse d'un jour meilleur.

Notre ami « Slippery Jim » a essayé de croire tout cela et de regarder avec espoir vers l'avenir, mais il a gardé beaucoup de choses pour lui. Il faisait de longues promenades dans les bois.

Cela me dérangeait de le voir si lent à mettre les garçons dans ses confidences.

«Je ne te vois jamais lire avec les autres hommes le soir», lui dis-je. « Les hommes qui aiment la solitude sont soit très bons, soit très mauvais. »

"Je vais essayer de faire mieux", a-t-il répondu, "mais depuis tant d'années, j'ai été habitué à être seul."

« Il faut quand même vivre dans le monde – et notre monde ici est plutôt petit », ai-je dit. "La bonne humeur est un devoir que l'on a envers sa propre âme."

"Et aux autres", a-t-il ajouté.

"Oui, et aux autres", répondis-je.

"J'ai tendance à prendre à la légère mon devoir envers les autres. J'avais une dette - autrefois une grande dette - envers les autres, et je l'ai payée. Ils l'ont mesurée en fonction de ma vie, du paiement qu'ils exigeaient. Je l'ai payée - payée. je l'ai payé en larmes et en misère, de tout mon cœur et de toute mon âme. Maintenant, je préfère vivre séparé... Les Indiens, dit le poète, lorsqu'ils sont en marche, laissent leurs vieux et leurs malades mourir seuls. sauvage malade, et en tant que tel, je revendique mes droits.

« Croyez-vous au Grand Esprit et aux Joyeux Terrains de Chasse ? » demandai-je gentiment, car je savais qu'il n'avait pas de sang indien dans les veines.

« Leur religion en vaut beaucoup d'autres et tout aussi poétique. »

"Alors va dans la forêt et prie ton Grand Esprit", dis-je. "Seulement, ne le discréditez pas en étant inconsidéré envers les autres qui seraient gentils avec vous."

"Est-ce que je ne fais pas mon travail?" » demanda-t-il avec une colère croissante.

« On attend de vous que vous fassiez votre travail, mais je ne vous parle pas de ce sujet. Je veux savoir à quoi vous pensez pendant que vous êtes au travail.

"S'il vous plaît, c'est mon affaire."

« S'il vous plaît, c'est aussi mon affaire. Vous êtes venu ici pour que je vous aide. Je veux vous aider."

« Vous m'avez aidé ; vous m'avez emmené dans cette colonie alors que mon père m'avait fermé la porte ; vous m'avez donné de la nourriture, telle qu'elle est, et, avec les vêtements envoyés, vous m'avez donné ce costume d'occasion.

« Et vous avez travaillé comme les autres hommes et payé par votre travail ce que vous avez reçu ?

"Oui."

"Et c'est tout ce qu'il y a à faire ?"

"Oui."

«C'est très, très peu que j'ai fait pour toi», et j'ai commencé à le quitter.

"Attends un instant" - il m'a arrêté. «Je n'avais pas l'intention d'être méchant avec vous. Vous m'avez traité bien mieux que je ne le méritais.

« C'est quelque chose d'avoir même de la nourriture simple quand on a faim », dis-je sévèrement. « Tu as aussi plus de courage qu'à ton arrivée. Dans votre travail, vous savez que le courage est très important. Vous pourrez bientôt retourner à votre ancienne vie.

"Non, pas ça," sa voix devenant moins dure. "Ces jours-ci, j'ai vécu avec vous et j'ai observé le bonheur que vous retirez de votre travail - malgré son sacrifice - et je l'ai comparé à ma propre façon de vivre, je ne comprends pas comment j'ai pu ignorer le bien qu'il y a en moi. . Mais , vraiment, vous ne devriez pas vous attendre à ce que nous soyons tous aussi joyeux que vous. Vous pouvez voir clairement la Vérité que nous ne voyons qu'à travers un verre sombre.

« Alors tu comptes vivre comme un honnête homme ? »

"Absolument."

"Alors je n'ai pas vraiment perdu après tout", dis-je pensivement.

"Qu'est-ce que vous avez dit?" » questionna-t-il, n'ayant pas bien entendu ma remarque.

"J'ai dit que si vous êtes déterminé à vivre honnêtement, c'est quelque chose."

Ce soir-là, je l'ai vu marcher sur le sol de la cuisine avec notre bébé dans ses bras — cet hiver-là, nous avions une mère sans abri et son bébé à la colonie. Le bébé donnait des coups de pied et riait alors qu'il la portait à pas mesurés dans la pièce.

«Je dois simplement l'endormir», dit-il avec confiance.

"Pourquoi ne lui chantes-tu pas", suggérai-je.

"Je suis flou sur mes chansons endormies", a-t-il déclaré.

Un peu plus tard, le Bébé hochait la tête, les yeux mi-clos.

"Elle n'est pas jolie", dit la mère admirative.

"Elle ressemble à Jeffries à la fin du cinquième", fut la réponse de Jim.

Quelques instants plus tard, je l'ai entendu marcher, chantant sa propre musique en improvisant sur les paroles du poème de prison de Wilde :

"Avec affaissement et swing autour du ring,

Nous avons foulé le défilé des fous !

Nous ne nous en souciions pas ; nous savions que nous l'étions

La propre brigade du diable ;

Et la tête rasée et les pieds de plomb

Faites une joyeuse mascarade.

III

L' hiver était presque terminé lorsque « Slippery Jim » est venu me voir et m'a exprimé le souhait de revenir dans le monde. Si seulement son père l'acceptait encore une fois !

Mon observation de l'attitude d'un père envers son fils prodigue est qu'au moment où le fils désire vivre comme il le devrait, non seulement les portes fermées s'ouvrent, mais le père se tient prêt, les bras tendus, à le recevoir. Ce père soi-disant dur, alors qu'il était convaincu que son Jim avait travaillé fidèlement à la Colonie pendant plusieurs mois, avait hâte que son fils rentre chez lui. Même l'ancien employeur du garçon a exprimé sa sympathie et lui a proposé un poste.

Lorsque cette bonne nouvelle est arrivée, je n'ai pas eu besoin de dire au garçon que c'était un devoir d'être joyeux. Il voulait danser un sabot sur la table dans la salle de lecture pour hommes.

Le lendemain matin, de bonne heure, il nous quitta, sans attendre pour nous remercier, ce qui était bien inutile ; ni à peine s'arrêtant pour nous dire au revoir. Mais quelques jours après, il m'écrivit qu'après quatre ans il était de retour avec son père et sa mère, son frère et ses sœurs, dans sa propre chambre, dormant dans son propre lit. La famille avait arrangé les choses de la même façon qu'avant qu'il ne les quitte pour ces tristes années de prison. Son père lui avait acheté un nouveau costume pour Pâques. Le lendemain, il devait commencer à travailler.

Près d'un an plus tard, il m'a rendu visite. Son travail l'avait fait quitter la ville. "Quand je t'ai rencontré pour la première fois", dit-il. « Je n'avais pas de maison. Maintenant, c'est à savoir lequel visiter en premier, mais j'ai pensé que je sortirais pour vous voir, puis j'irais ce soir voir mon autre père.

NOTRE AMI , L'ANARCHISTE.

Tel qu'un homme pense dans son cœur, il est ainsi.

-Bible.

Notre ami l' anarchiste

IL a dit qu'il venait d'Allemagne, mais il n'en avait pas l'air, car l'Allemagne est un beau pays, et il était très éloigné même d'une suggestion de beauté. S'il avait dit qu'il venait d'arriver du « No Man's Land », cela aurait été facilement accrédité . Pour un Allemand, même son accent et sa construction grammaticale n'étaient pas satisfaisants. Il ne commençait pas ses phrases par le milieu et ne parlait pas dans les deux sens à la fois, selon la coutume bien établie des Teutons américanisés . Dans le stress de son enthousiasme, il s'exprima de manière concise et claire.

Il était assis à la Charity House en attendant l'enquête des travailleurs sociaux. Il tenait sa tête dans ses mains, tandis que son corps se convulsait fréquemment et qu'il avait les larmes aux yeux.

Voir un homme aux moustaches hirsutes se livrer à une crise de larmes comme une femme délicate est presque aussi humoristique que pathétique, à moins de savoir pourquoi l'homme pleure. Et puis, contrairement aux Irlandais, les Allemands prennent leurs problèmes au sérieux, de sorte que leur désespoir crée souvent pour eux l'enfer qu'ils craignent.

n'était sûrement pas un Allemand qui, dans les temps anciens de la Bible, envoyait des pleureurs engagés pour parcourir les rues ; c'était sans doute un Irlandais dont le génie eut l'idée de payer d'autres hommes pour qu'ils pleurent à sa place.

"D'où venez-vous?" J'ai demandé à l'Allemand.

Il m'a examiné avec méfiance de la tête aux pieds, puis a répondu assez poliment : « Je suis d'origine allemande et j'ai vécu la plus grande partie de ma vie à Heidelberg, où mon père et mon grand-père étaient professeurs à l'université. »

« Quand êtes-vous arrivé en Amérique ? Je lui ai demandé.

«Il y a quelques jours», répondit-il. « Je viens de Paris, où j'ai connu de lourdes — lourdes pour moi — revers financiers. J'ai essayé de faire un commerce semblable à celui de vos courtiers, qui prêtent de l'argent sur des biens personnels, mais ne connaissant pas le droit français, j'ai découvert que je ne pouvais pas légalement faire payer les prêts que j'ai accordés aux Français. Toutes mes économies, modestes, il est vrai, ont été perdues. C'est avec dégoût que je suis venu en Amérique, et ma condition est maintenant pire que jamais.

Il n'élevait pas la voix, parlant doucement, mais ses mains étaient nerveuses et ses yeux me rappelaient Svengali – fascinant, mais dangereux. Mon impression était que j'avais vu des hommes plus en sécurité enfermés dans des cellules sombres et n'ayant accès qu'à des cuillères en bois pour manger.

« L'association caritative a-t-elle décidé de vous aider ? J'ai demandé.

«Je n'ai pas peur», répondit-il. « Ils souhaitent que je leur donne l'adresse de mon père en Allemagne, car ils m'informent qu'ils font toujours des enquêtes approfondies. Plusieurs fois, ils m'ont demandé mon adresse personnelle, mais je les ai détournés du sujet, car je n'ai pas l'intention d'ajouter mes fardeaux à ceux de mon père et de ma mère.... Cela vous semble-t-il assez généreux de la part de vos travailleurs sociaux d'être si insistant ?... Mais, pardonnez-moi, n'avez-vous pas un dicton qui dit : « Les mendiants ne doivent pas choisir ? »

Je n'ai pas répondu à sa question, car je pensais à ce que me dirait mon comité d'accueil, composé des garçons de la Colonie, si j'invitais cet individu aux nombreuses moustaches à rejoindre notre famille. J'oubliai un instant les ennuis de l'Allemand en pensant aux ennuis que j'allais m'attaquer. J'ai souri à mon embarras imminent. « C'est très bien, m'avaient prévenu les garçons, de nous tenir responsables des membres nouvellement arrivés, de nous assurer qu'aucun criminel ni fraude n'obtienne l'admission dans la Famille, mais vous pourriez être un peu plus discriminant dans votre sélections, n'est-ce pas ?

L'Allemand n'a pas tardé à profiter de mon offre de rejoindre la colonie ; il irait à Hoboken chercherait ses bagages et me rejoindrait dès que possible. Ses bagages – il m'a rencontré une heure plus tard – consistaient en une boîte en bois trop petite pour être appelée malle, trop grande pour être appelée valise.

Alors que nous approchions de Colony House, nous croisâmes plusieurs des garçons qui nous avaient visiblement vus de loin, car ils semblaient profondément intéressés par le soleil couchant, leurs visages se détournaient de nous. Enfin, un type qui, comme un bon porteur Pullman, peut se moquer de vous sans changer d'expression faciale, mais si vous regardez attentivement, vous remarquerez que les muscles de la nuque dansent dans une gaieté incontrôlée, s'est avancé et nous a dit : «Un magnifique coucher de soleil.»

Il aurait dû être réprimandé pour son impudence, mais j'ai simplement demandé : « Où ?

«À l'ouest», a-t-il expliqué. Puis les garçons se retournèrent et rirent sans retenue.

"Un coucher de soleil ordinaire et une blague des plus ordinaires", dis-je d'un ton plutôt glacial. Mais ils ont continué à rire, en regardant d'abord mon compagnon puis moi.

« Pas si ordinaire », dit un autre garçon. "Si vous pouviez le voir d'où nous sommes, vous pourriez comprendre."

«Je ne vous comprends que trop bien», répondis-je.

Puis les deux garçons qui faisaient partie du comité d'accueil sont venus vers nous et ont pris mon ami allemand en main. Il n'y eut plus aucune remarque jusqu'à ce que nous arrivions à la maison et l'homme lui-même était complètement hors de portée.

"Pourquoi as-tu fait sortir un homme comme ça?" le cuisinier m'a interrogé peu après mon arrivée à la maison, et chacun levait les yeux du journal du soir qu'il lisait, impatient de rire un peu.

Mais les années m'ont appris un peu les mœurs des hommes. Moïse, lorsque les enfants d'Israël tentèrent de l'embrouiller dans une dispute, n'a-t-il pas rendu son argument invulnérable en déclarant : « Dieu parla à Moïse, disant : ——— »

Après cela, il n'y avait plus beaucoup de chances de discuter. La meilleure chose qu'ils pouvaient faire à un tel moment était de s'aligner tranquillement dans les rangs. Et il existe une réponse qui freinera toujours l'hilarité des hommes sans abri et les rendra aussi sympathiques que des enfants.

"Pourquoi l'as-tu amené avec toi?" répéta le cuisinier.

"Pourquoi?" J'ai dit simplement : « cet homme a faim ».

Chaque garçon fronça les sourcils vers le cuisinier et retourna à sa lecture. Et le cuisinier ne répondit rien, se contentant de servir au nouveau venu des portions doubles.

Cette nuit-là, l'Allemand dormit avec son lit entre les deux lits du comité d'accueil, et je n'ai eu aucune nouvelle de lui jusqu'à ce qu'ils viennent me faire leur rapport le matin.

« Père, » dit l'un des membres du comité, « je n'aime pas cette vieille fête que vous avez organisée hier. Toute la nuit, dans son sommeil, il marmonnait : « A bas le millionnaire ; maudit le capitaliste ! Cet homme est un anarchiste. »

Un instant plus tard, le deuxième membre du comité entra.

"M. Floyd, tu sais cette boîte en bois que 'Whiskers' a apporté avec lui ? » demanda-t-il nerveusement ; « J'ai baissé l'oreille et j'ai écouté. Je pouvais entendre quelque chose à l'intérieur faire tic-tac, tic-tac, aussi clairement que le jour.

"Vous êtes excité", dis-je. «Après le petit-déjeuner, envoyez-moi cet homme.»

Dans ma chambre, l'Allemand et moi avons discuté longtemps.

Je lui ai posé des questions sur l'Université d'Heidelberg, sur l'influence des étudiants dans la politique allemande et sur le mouvement socialiste mondial : avait-il déjà lu les œuvres de Karl Marx, le grand socialiste ?

Non, il ne l'a jamais fait.

Avait-il déjà lu La Salle, l'anarchiste ?

Non.

Ou bien , au cours de ses voyages, avait-il jamais vu ce petit pamphlet intitulé « Dynamite as a Revolutionary Agency » ?

Non.

Mais malgré le déni, il était évident que mon vieil Allemand était l'anarchiste que mon comité avait décidé qu'il était. J'ai donc fait dire aux garçons de redoubler de gentillesse envers leur ami à moitié fou. C'était l'occasion d'essayer nos méthodes simples sur un homme qui sentait que le triste vieux monde et ses nombreux peuples étaient aussi complètement perdus que peut le devenir un homme qui croit qu'il n'y a rien de bon en lui-même. Les hommes qui se sentent méchants font le mal.

A peine quinze jours s'étaient-ils écoulés que notre bon anarchiste saisit l'esprit des lieux et commença à ressentir cette bienveillante sympathie qui habite même le cœur des hommes bloqués. Les jeunes hommes l' aimèrent beaucoup .

Le soir, il était le dernier à frapper à ma porte pour vérifier que tout avait été prêté ; le matin, il fut le premier à me demander ce que je souhaitais faire.

C'était un joyeux « bonne nuit » et un joyeux « bonjour ». Après plusieurs mois, notre anarchiste réussit à retrouver l'adresse de son frère à Philadelphie. Le frère lui a offert un logement et une chance de travailler, alors il a été arrangé pour que notre ami aille le voir.

Alors qu'il me disait « adieu », il m'a dit : « Lors de notre première rencontre, vous m'avez demandé si j'avais lu des écrits anarchistes et je vous ai répondu de manière mensongère. J'ai lu les auteurs que vous avez mentionnés et, dans mon désespoir, je ne sais pas. Jusqu'où je ne serais peut-être pas allé, car j'avais perdu confiance en tous les hommes.

"Mais voir ces jeunes hommes à la Colonie, oubliant leurs propres ennuis, essayant de m'aider à reprendre courage, m'a donné une vision plus claire de la vie - le sang que je vois maintenant dans mes rêves n'est pas celui du capitaliste versé à mort par une foule communiste – c'est le sang du doux Christ, qui a dit :

« Tu aimeras ton prochain comme toi-même. »

BÂTIMENT PRINCIPAL DU BUNGALOW

Un mendiant timide

"Un cœur faible n'a jamais gagné une belle dame."

Un mendiant timide

« C'EST sa méfiance, m'a dit la bonne dame, qui a causé l'échec lamentable du jeune homme dans cette époque pénible de matérialisme. C'est un esprit doux !

Lors de leur première rencontre, m'a-t-elle dit, lorsqu'il est venu chez elle et lui a demandé quelque chose à manger, il avait semblé si timide et embarrassé qu'elle s'est immédiatement intéressée à lui. Il rougit et balbutia de la manière la plus pitoyable, et après avoir mangé de bon cœur le rosbif et les pommes de terre placés devant lui, il voulut s'enfuir en toute hâte, ayant à peine le courage de rester et de remercier son bienfaiteur.

La bonne dame m'a raconté tout cela d'une manière si sérieuse que j'ai cru devoir l'accepter au sérieux, et lorsqu'elle m'a proposé de me rendre dans un village voisin pour rencontrer le garçon au train, car, n'étant pas habitué au voyage, il pourrait ne trouvant jamais seul le chemin de la Colonie, j'ai pris rendez-vous avec lui.

Il y a des hommes simples d'esprit – des déficients mentaux – qui sont souvent impuissants lorsqu'ils sont enfants, et j'étais enclin à mettre ce garçon dans cette classe.

Mais le garçon que j'ai trouvé qui m'attendait à la gare est venu à ma rencontre d'une manière si posée que j'ai été instantanément surpris. Son rapport semblait être très erroné.

«Je n'aurais pas dû vous causer tous ces ennuis», dit-il en s'excusant volontiers.

« La lettre, répondis-je, indiquait que vous ne parviendriez peut-être pas à trouver votre chemin. »

Il m'a jeté un regard sournois et astucieux, puis, sûr d'avoir été compris, il a simplement dit : « En effet ?

« Naturellement, vous n'avez pas confié à la dame qui vous a envoyé que vous l'aviez transporté à travers la plupart des États jusqu'aux chemins de fer ?

« Non, je ne l'ai pas abordée en pénitente au confessionnal, répondit-il, mais plutôt en mendiante à la porte latérale. La confession peut aider à faire progresser un homme spirituellement, mais à un homme vivant sur le plan matériel, la conseilleriez-vous ?

« Est-il vrai, ai-je demandé, que tu as bégayé et rougi lorsque notre ami t'a proposé du rosbif et des pommes de terre ?

"C'est ma meilleure toile", a-t-il répondu.

Nous avions parcouru une certaine distance pendant que cette conversation était en cours, et arrivant à un carrefour , j'étais incertain de la direction.

« Entrez dans cette ferme, s'il vous plaît », dis-je à mon compagnon en désignant une maison à l'air joyeux à une courte distance de la route, « et demandez le chemin ?

Il descendit rapidement et contourna la porte latérale hors de ma vue. J'ai attendu, m'attendant à chaque instant à ce qu'il revienne avec l'information souhaitée, et je m'impatientais lorsqu'il se présentait vers moi, le visage rayonnant de l'enthousiasme qui suit un entretien réussi.

«C'est votre part», dit-il en me tendant une généreuse portion de tarte aux pommes chaude. "La dame qui vit ici est une âme maternelle - très fière de sa cuisine et la tarte sentait très alléchante - je n'ai pas pu résister."

"Avez-vous utilisé votre méthode habituelle de 'rougir et bégayer' pour solliciter cette pâtisserie ?" Je l'ai interrogé.

"Non, elle avait autant faim de mes compliments que moi de sa tarte aux pommes, alors nous avons simplement fait un échange équitable."

« Et les directions pour retourner à la Colonie ? »

"La direction?" et il se sentait extrêmement stupide. «Je sentais tout le temps que, dans mon subconscient, il y avait une pensée qui essayait de s'affirmer.»

« Mais la force d'une mauvaise habitude, remarquai-je, retenait la pensée : l'habitude est une force puissante pour le bien ou le mal, car elle se perpétue par une forme, pour ainsi dire, d'auto-suggestion. Vous savez que toutes les suggestions sont puissantes.

"C'est une bonne tarte, n'est-ce pas ?" » demanda-t-il, sans importance.

FRITZ ET SON CADRAN SOLAIRE

« Une petite tâche, bien exécutée, ouvre la porte à de plus grandes opportunités. »

Fritz et son cadran solaire

DES ANNÉES , j'ai vu un cuisinier myope éplucher des oignons – une scène des plus pathétiques si l'on en juge uniquement par les apparences. Cet incident m'avait profondément impressionné à l'époque, même s'il était depuis longtemps sorti de mon esprit, lorsque le bon vieux Fritz est venu vers moi, les larmes coulant dans les sillons poussiéreux de son visage ridé et battu par les intempéries.

Une étrange analogie raviva le vieux souvenir. Il y a – disons ce que l'on veut – quelque chose d'extrêmement ridicule dans l'honnêteté lorsqu'elle est trop profondément revêtue de rusticité. Nous lui sourions tout en lui donnant notre amour et notre respect.

Il peut jouer avec nos cordes sensibles , jouant à la fois grave et gai. Nous en rions pour ne pas pleurer et devenir nous-mêmes ridicules.

Dans un anglais approximatif, il a essayé d'expliquer ce qui allait de soi et ne nécessitait aucune explication : sa propre détresse et son désespoir. Son sérieux simple, ses manières franches et honnêtes, lui ont immédiatement valu la sympathie de tous. Les garçons commencèrent à planifier pour soulager sa détresse, même s'ils riaient avec peu de courtoisie au visage du vieil homme.

Ses vêtements étaient beaucoup trop grands, ce qui n'était pas entièrement compensé par sa casquette qui était plusieurs tailles trop petite. À travers ses chaussures cassées, dix orteils parlaient dans un anglais des plus éloquents : le besoin de protection et d'abri.

« Qu'est-ce qui pourrait bien amener un homme à se retrouver dans un tel état ? » demanda un type qui, trois semaines auparavant, était arrivé tout aussi échevelé , mais avait déjà oublié, ce qui est aussi bien.

"La cause?" demanda l'Allemand.

"Oui."

"Bière."

"Bière! Vous êtes le premier homme que j'ai jamais vu qui en arrive à un tel résultat avec la bière, répondit l'interrogateur.

« Je ne bois rien d'autre, jamais », affirmait le vieil Allemand.

"Je pense que M. Floyd essaiera de vous nettoyer rapidement - ou pas du tout - si vous lui dites que la bière vous a mis à terre."

«Je l'espère», dit le vieil homme; "Je me sens plutôt mal."

« De puissants arguments ont été avancés selon lesquels ce sont les liqueurs distillées qui font tous les dégâts ; que le vin léger et les liqueurs de malt ne sont pas plus nocifs que le thé. Et vous voilà dans notre camp pour réfuter cette affirmation. Si vous dites que vous avez fait une débauche de bière, on ne vous croira peut-être pas.

"Peut-être que quelqu'un a mis une petite pomme dans mon verre quand je ne regardais pas", répondit rapidement l'Allemand en se rendant dans la cuisine des garçons pour prendre un peu de café.

C'est ainsi que Fritz devint membre de la Colonie, et sa bonhomie en fit presque immédiatement un favori général. Ses forces lui revinrent rapidement.

La guérison définitive fut opérée lorsque, parmi les livres arrivés, l'un des hommes trouva un volume allemand. Il l'apporta à Fritz avec une certaine méfiance, car il s'agissait d'un ouvrage sur l'astronomie et Fritz ne ressemblait pas à un professeur de Heidelberg ; mais lorsque notre ami jeta un coup d'œil au livre et vit le texte allemand, puis, en y regardant de plus près , remarqua qu'il s'agissait d'un ouvrage sur l'astronomie, il devint extrêmement enthousiaste.

"Bien! Très bien! Je suis heureux de l'obtenir.

C'était une semaine plus tard, une heure ou deux après minuit, j'ai vu Fritz au clair de lune, se promenant devant la maison.

Je suis sorti pour l'interroger, car ses actions me semblaient étranges.

« Quel est le problème, Fritz ? Je lui ai demandé.

"Ce n'est rien."

"Mais je préférerais que les hommes ne sortent pas si tard", dis-je.

"Je ne le trouve pas", a-t-il répondu.

« Trouver quoi, Fritz ? Qu'as-tu perdu ?

«Je ne trouve pas l'Étoile polaire», dit-il tristement.

« Vous ne savez pas où le chercher ?

"Oh oui; mais le temps est toujours nuageux.

À ce moment-là, les nuages commencèrent à bouger – non pas parce que Fritz le souhaitait, mais sa patience avait dépassé les nuages.

"Le voilà. C'est tout », s'est-il exclamé en courant vers l'écurie, me laissant seul à regarder les étoiles en vain. Mais Fritz me rejoignit aussi brusquement qu'il m'avait quitté. Il avait emporté avec lui une planche carrée traversée par une barre de fer.

"Qu'est-ce que tu as là?" Je l'ai interrogé.

« C'est mon cadran solaire ; c'est ma propre invention. Je n'ai jamais vu de cadran solaire, mais je suis sûr que le mien sera aussi exact que n'importe lequel d'entre eux.

Puis il fixa fermement le cadran sur une souche, pointant le fil directement vers l'étoile polaire.

« Demain, je pourrai voir si j'ai raison. Bonne nuit, M. Floyd.

"Bonne nuit, Fritz."

Pendant plusieurs semaines, Fritz travailla sur place en chronométrant son travail grâce à son ingénieuse invention. Parfois, il travaillait après que les ombres eurent dépassé l'heure de repos.

«Le cadran nous dit, lui disais-je un jour, qu'il est temps d'arrêter le travail.»

« Non, dit-il, les cadrans solaires ne sont jamais exacts ; parfois, ils varient au moins quinze minutes. Car la Terre tourne autour du Soleil non pas en cercle mais en ellipse. Je vais travailler un peu plus longtemps.

Un dimanche, j'ai entendu Fritz parler avec enthousiasme près de l'endroit où se trouvait le cadran . Je pensais qu'il avait pour le moment oublié qu'il était maître de soi – comme tous les hommes sont susceptibles de l'oublier parfois. Mais quand je suis sorti pour vérifier le bruit, j'ai découvert que Fritz avait dix ou quinze hommes debout devant lui et il disait :

« C'est facile à faire : mesurer la distance au Soleil, ou la distance d'une planète à une autre. Il existe une centaine de méthodes, la plupart aussi simples que la mesure de la longueur d'un bâtiment.

« Vous êtes étudiant en astronomie ? J'ai demandé.

« Oui, j'ai étudié pendant de nombreuses années les livres allemands sur l'astronomie. Avec plaisir."

A partir de ce jour, notre respect pour Fritz s'est établi. Il existe une aristocratie du savoir ; nous tirons notre chapeau même au mendiant qui sait.

cadran solaire de Fritz , fabriqué à partir d'une planche carrée et d'un morceau de fil télégraphique. Les automobiles s'arrêtèrent au bord de la route pour l'observer. Les enfants ont insisté pour placer leur Ingersoll près de son ombre tombante. Un jour, un médecin bien connu examinait le cadran. Il sortit sa montre pour faire une comparaison.

« Très intelligent, dit-il, très intelligent ; maintenant, laisse-moi voir Fritz. Et Fritz est sorti.

« Il n'a pas grand chose à voir », me murmura le Docteur alors que le vieil Allemand s'approchait de nous.

À ce moment-là, le coup de sifflet de cinq heures retentit. Le Docteur et moi avons regardé le cadran.

« L'ombre, dis-je, tombe sur le chiffre cinq. »

"C'est tout à fait vrai", répondit le Docteur.

« Il le faut », dit doucement Fritz ; "Il le faut, car le fil pointe vers l'étoile polaire."

Le Docteur sourit en parlant : « Un homme assez intelligent pour faire ce cadran peut, au moins, prendre soin de mon écurie et de mes chevaux... Fritz, voudriez-vous travailler pour moi ? J'ai de magnifiques chevaux et je paie bien leurs soins.

«J'irai avec plaisir», dit Fritz; "Quand me veux-tu?"

"Demain,"

"Puis-je y aller, M. Floyd?"

"À une condition", dis-je.

"Qu'est-ce que c'est?"

"Vous devez donner votre cadran solaire à la Colonie."

"Ce n'est rien, mais tu peux l'avoir si tu veux."

Le lendemain, Fritz reçut un bon costume, un col et une cravate.

« Je ne sais pas pour le col et la cravate », dit le vieil homme ; "Je n'en ai pas porté depuis plusieurs mois."

Trois ou quatre des garçons l'aidèrent à boutonner le col et à arranger efficacement l'ascot. Ensuite, le Docteur est arrivé avec ses meilleurs chevaux de compagnie.

« Sautez avec moi, Fritz », dit-il.

Le vieil Allemand, souriant, est monté à bord puis s'est retourné et a tiré son chapeau pour moi et les garçons .

"Merci... Bonne chance", dit-il.

« Prenez les rênes et conduisez », dit le Docteur.

Fritz boutonna étroitement son manteau autour de lui, redressa son vieux dos courbé et, prenant les rênes, il partit fièrement.

« Il n'est pas venu en calèche », dit un garçon.

"Ce sont les Maîtres de Soi qui l'ont aidé", a déclaré un autre.

«Vous oubliez le cadran solaire», dis-je.

LE BUNGALOW DU BÂTIMENT PRINCIPAL

LE SERVEUR QUI N'A PAS ATTENDÉ

« Celui qui n'est pas maître de lui-même n'est maître de personne. »

— Stahl.

Le serveur qui n'a pas attendu.

SI le programme avait été fidèlement suivi, il était temps pour les automobilistes d'avoir terminé leur thé et leurs toasts et d'attendre que le chauffeur arrive avec leur machine, mais il semblait y avoir un retard quelque part. L'enquête a révélé une situation particulière. Les visiteurs circulaient avec une certaine impatience tandis que le déjeuner, au lieu d'être servi, se refroidissait rapidement sur le buffet d'une pièce voisine.

"Où est Delmonico Bill, le serveur attentif", avons-nous demandé, pas peu surpris de sa disparition. Il était introuvable , même si nous l'avons cherché haut et bas.

Mais pour gérer avec succès des hommes qui admettent leur irresponsabilité, il faut un surveillant qui non seulement soit patient face aux déceptions, mais qui soit également capable de proposer une excuse simple à l'improviste et de rassurer joyeusement ses amis sur le fait que tout va bien, quand - à moins de le considérer du point de vue d'un an à partir de aujourd'hui, tout va mal.

En ce jour spécial, il ne semblait y avoir aucune explication apparente, si ce n'est que le serveur n'avait pas attendu. Mais tout est une réussite qui se termine bien, et le déjeuner retardé a rendu les visiteurs plus que jamais sympathiques à l'Œuvre. Celui qui nous aime pour nos erreurs nous deviendra d'autant plus apprécié qu'il nous connaîtra mieux. Les convives, qui n'avaient pas dîné, ont vu de l'humour dans notre embarras et nous ont assuré de leurs meilleurs vœux tout en s'éloignant joyeusement, nous laissant bêtement nous demander pourquoi le serveur avait laissé ses invités sans service.

C'était près d'une heure plus tard lorsque Delmonico Bill descendit du grenier à foin , époussetant la poussière et les graines de foin de ses vêtements.

"Est-elle partie?" » s'enquit-il bêtement.

"OMS?" lui avons-nous demandé en chœur.

« Mon professeur de l'école du dimanche », a-t-il expliqué.

Nous attendions ses explications complémentaires. C'était la première fois que nous entendions parler d'un tel professeur.

" Ce n'est pas que j'aie le moins du monde honte de servir de serveur. Le travail subalterne qu'il faut faire ne m'humilie pas. Mais quand j'ai regardé les visiteurs pendant que je préparais leur déjeuner sur le plateau, j'ai j'ai reconnu dans une de ces dames mon ancienne institutrice de l'école du dimanche - et quand je pensais à quel point j'avais méconnu ses instructions, je n'avais pas le courage de lui faire face.... Mon Dieu, mais il faisait chaud dans cette faucheuse !. ..

« La dernière fois que j'ai vu cette bonne dame, c'était le soir à la sacristie de l'église, lorsque les élèves lui ont donné une photo de groupe d'eux-mêmes. Nous sommes tous allés ensemble chez les photographes locaux. Nous étions trois rangées – les plus grands, les plus grands et les plus grands – tous des coquins aux os bruts essayant de prendre la pose spirituelle de Sir Galahad. Je n'ai jamais beaucoup aimé la photographie, mais le cadre – le cadre doré – très filigrané était extrêmement impressionnant. Je m'en souviens parce qu'il y avait soixante-quinze cents de mon argent dedans. J'ai travaillé dur pour cet argent. Il m'a fallu près de trois nuits pour l'obtenir de Cy Watson, en train de jouer au penny ante dans la remise de son père. Mais j'étais heureux d'en faire un si bon usage.

«C'était de l'argent souillé», a déclaré l'un des garçons.

"A l'époque, l'argent souillé n'existait pas. L'argent était de l'argent et personne n'en possédait.

"J'ai prononcé le discours de présentation ce soir-là à la sacristie. C'était un chef-d'œuvre. Le professeur et les femmes ont tous pleuré. J'ai oublié le discours maintenant ; trente ans de déplacements à travers le monde effacent le souvenir de beaucoup de choses qui se sont produites lorsque nous étions des garçons à l'école du dimanche. Mais pendant des années, je pouvais répéter ce morceau que j'avais répété ce soir-là pendant deux mois – je pouvais le dire à l'envers ou à l'envers, je pouvais le commencer au milieu et le dire dans les deux sens – en fait, quand J'y pense, je crois plutôt que c'est ainsi que je l'ai dit ce soir-là, parce que les applaudissements qui ont suivi mon humble effort ont été trop tumultueux, pourtant les savants avaient tous leur argent dans le cadre en or, et le professeur devait nous quitter. le lendemain matin, pour l'Est, où elle devait épouser un homme important, ma mère a dit que je parlais magnifiquement, mais je doute qu'elle m'ait vraiment entendu. Elle pensait à quel point j'étais charmant dans le nouveau pantalon qu'elle m'avait confectionné. la vérité était qu'elle avait travaillé toute la nuit précédente pour les préparer. Elle avait eu quelques difficultés à faire descendre les coutures sur le côté. Pour l'instant, ils n'avaient pas tout à fait fini, mais personne ne le savait à part ma mère et moi.

« Dans les années à venir, ai-je déclaré dans mon discours, non seulement
vos aimables instructions dans nos études bibliques nous aideront à affronter
et à surmonter toutes les tentations, mais l'inspiration que nous avons reçue
de votre amitié et de votre dévouement envers notre le bien-être spirituel
nous influencera tout au long de notre vie.

Pour le moment, Delmonico Bill resta silencieux : quelles que soient ses
pensées, il ne les partagea pas avec nous. Mais bientôt, il observa le plateau
avec le thé et les toasts dessus, tel qu'il l'avait laissé.

"C'est dommage", dit-il, "peut-être qu'elle ne m'aurait pas connu du tout... Je
suis désolé... mais vous pouvez comprendre."

Puis il commença à ranger le déjeuner. "Le thé est encore chaud", dit-il en
souriant, "je crois que je vais m'en servir une tasse... mes nerfs sautent, cela
pourrait les calmer."

Il remplit la coupe et la levant , il dit : « Voici mon professeur de l'école du
dimanche qui croyait en moi à l'époque où je croyais en moi. Que Dieu la
bénisse."

COMPOSER UN CRIME

« Instruisez un enfant dans la voie qu'il doit suivre ; et quand il sera vieux, il ne s'en éloignera pas. »

-Bible.

Composer un crime

ON frappa à la porte, mais personne ne songea à répondre jusqu'à ce qu'on le répète, plus faiblement, une seconde fois, puis un des jeunes gens l'ouvrit en disant au nouveau venu : « Elle n'est jamais fermée à clé, mon garçon. »

Un garçon d'environ dix-sept ans entra et demanda d'une voix à peine audible s'il pouvait rester toute la nuit.

Les jeunes gens m'envoyèrent le nouvel arrivant pour obtenir une réponse à sa demande. Il était évident que le garçon était dans un état de grande excitation. Son comportement était si étrange que, contrairement à l'habitude, je lui demandai pourquoi il était venu.

«La police est après moi», balbutia-t-il en se retournant et en regardant nerveusement la porte.

"Qu'avez-vous fait?" J'ai interrogé le garçon.

« J'ai volé un vélo et le propriétaire m'a vu marcher dans la rue et a commencé à me poursuivre en m'appelant : « Arrête, voleur ! Une foule a commencé à se rassembler et j'ai eu tout ce que je pouvais pour m'enfuir. J'ai couru autour d'un bâtiment et j'ai rejoint la foule à la recherche, puis, après un moment, j'ai disparu de nouveau et j'ai décidé d'aller vers vous ; pour obtenir des conseils."

"Où est le vélo maintenant ?" J'ai interrogé.

«Je l'ai vendu», dit-il.

"Où est l'argent que tu as trouvé pour ça ?"

"Je l'ai dépensé." Il s'est mis à pleurer.

« Et maintenant, votre conscience commence à vous troubler. »

"Oui Monsieur."

«Mon garçon, lui dis-je, ce n'est pas une cachette pour les garçons qui volent et que la police recherche.»

Le garçon ne répondit pas ; il se détourna et essuya ses larmes avec sa casquette. Puis il se dirigea lentement vers la porte.

"Alors je ne peux pas rester?" dit-il finalement.

«Je crains que non», répondis-je.

Il se dirigea vers la fenêtre et regarda la nuit.

"Ils m'attraperont", dit-il désespérément, "et quand ils le feront, cela signifiera pour moi une longue peine de prison."

"Attends un instant," dis-je. «Avez-vous déjà été arrêté . »

« Oui, un autre garçon et moi-même avons pris des cartes postales sophistiquées dans un stand de papeterie. C'étaient des images amusantes que nous voulions pour notre collection. Cette fois-là, nous avons été envoyés à Jamesburg. Puis, depuis que je viens de cette institution, j'ai été de nouveau arrêté pour quelque chose d'autre que j'ai fait et je suis maintenant en probation. La prochaine fois, le juge a dit qu'il me condamnerait à une longue peine à la maison de correction de Rahway.

« Vous auriez dû penser à tout cela plus tôt », dis-je avec une sévérité que je ne ressentais pas, car je savais avec quelle facilité on peut passer d'une mauvaise pensée à un mauvais acte.

« J'ai entendu dire que vous aidiez les garçons quand ils en avaient besoin », osa le jeune coquin. "J'en ai sûrement besoin maintenant."

«Je peux les aider quand je le peux», ai-je répondu, «mais je ne me fais jamais intentionnellement partenaire de leurs mauvaises actions.»

"Le juge ne devrait pas me donner plus de trois ans", dit pensivement le garçon, "même si c'est long... Le vélo ne valait de toute façon pas plus de cinq dollars. Le propriétaire a dit qu'il le vendrait. à moi pour ce montant.

A ce moment, il y eut du bruit dans la pièce voisine.

"Ca c'était quoi?" demanda le garçon tremblant de peur.

« Votre conscience est bien éveillée, mon garçon. C'était l'un des hommes qui fermaient les fenêtres pour la nuit.

Le garçon s'est approché de moi pour pouvoir me regarder en face, et il y avait une profonde gravité dans sa voix lorsqu'il a dit : « Alors tu penses que je devrais m'abandonner et en assumer les conséquences ?

« Trois ans de prison ? Ai-je demandé en regardant directement le garçon. « Trois ans de prison ! »

Les paroles de Jacob Riis me sont venues à l'esprit : « Quand un garçon va en prison, un citoyen meurt. »

« Si tu étais à ma place, tu te rendrais ? » m'a-t-il demandé avec insistance.

Je passai la main devant mes yeux. Contrairement au garçon, je n'avais pas de bonnet pour essuyer mes larmes.

"Mon garçon," dis-je, "je serai honnête avec toi, je ne m'abandonnerai pas."

"Que feriez-vous?"

"D'abord, je me déciderais à ne plus voler, puis je gagnerais de l'argent et je paierais l'homme pour le vélo."

Une nouvelle lumière éclaira les yeux du garçon.

«Je n'étais pas un voleur», dit-il, «mais ils m'ont rendu fou. Depuis que je viens de Jamesburg, tout le monde me surveille. Mes vieux amis, mon père et ma mère, la police ; l'œil de quelqu'un est toujours sur moi. Leurs soupçons m'exaspèrent. Parfois, j'ai l'impression qu'ils m'ont mis au défi de prendre un autre risque. Un jour, sur le ferry en provenance de New York, j'ai rencontré un détective qui m'avait arrêté un jour. Partout où j'allais , il me suivait. J'avais peur, alors j'ai laissé les autres garçons qui étaient avec moi et je suis allé à l'arrière du bateau. Je ne l'ai dit à personne, mais quand j'étais tout seul, j'ai mis mes mains dans mes poches pour qu'il sache que je ne les avais dans celles de personne d'autre.... Je ne suis pas très vieux, mais je sais que ce n'est pas ainsi qu'un mauvais garçon devient un bon garçon.

Au bout d'un moment, je lui ai dit : « Si je peux m'arranger avec le propriétaire du vélo pour que tu puisses le payer en petits versements hebdomadaires, vas-tu rejoindre la Colonie et avec le peu d'argent que tu gagnes, t'installer avec l'homme que tu as. lésé ?

"Si vous m'aidez", répondit le garçon avec espoir, "je ferai du bien à cet homme et à vous."

Le lendemain matin, j'ai discuté du cas du garçon avec un avocat âgé qui vit avec nous et qui sait de sa propre connaissance la ruine qu'on peut s'attirer s'il ne suit pas les méthodes appropriées. Le vieil homme s'est volontiers engagé à régler un accord avec le propriétaire du vélo volé et à sauver le garçon des conséquences de ses actes répréhensibles.

Le garçon travaillait assidûment sur les lieux et, en quelques semaines, il avait gagné suffisamment d'argent pour se contenter d'une bicyclette. Il travaille maintenant dans la ferme d'un voisin et se dit déterminé à faire de sa vie quelque chose qui en vaille la peine.

« Savez-vous, me disait récemment le vieil avocat, si jamais quelqu'un nous accuse d'avoir aggravé un crime dans le cas de ce garçon et de sa bicyclette, nous pourrons nous défendre en invoquant le motif technique que la bicyclette avait si peu de valeur. que son vol n'était qu'un délit mineur.

"Dans ce cas-ci, celui de sauver un garçon de prison", lui ai-je répondu, " si un détail technique nous sauve d'une accusation criminelle qui pourrait être portée contre nous, pour ma part, je suis parfaitement satisfait d'une telle défense."

LE DÉCÈS DE SULLIVAN

« Frère Philippe, vous êtes le diapason d'où ma conscience prend son ton. »

— *Richelieu.*

***

Le décès de Sullivan

"Quel est le nom qui grandit

De plus en plus sur toi ? »

« Sullivan ! » – « C'est mon nom. »

"Qui est l'homme qui a écrit

L'opéra Pinafore ?

« Sullivan ! » – « C'est mon nom. »

« Big Tim, vous le connaissiez tous ;

John L., vous le connaissez bien.

Il n'y a jamais eu un homme nommé Sullivan

Qui n'était pas un… un bon Irlandais. "

— *La chanson de George Cohan, « Sullivan ».*

SI vous pensiez qu'il était impératif de changer de nom et que vous aviez accès à toute la littérature, ancienne et moderne, que l'on trouve dans une bibliothèque Carnegie, choisiriez-vous vous-même le nom « Sullivan ? »

De toute évidence, notre garçon irlandais était d'accord avec Cohan - que "c'est un bon nom" - car lorsque j'ai reconnu en lui l'un des membres de ma famille d'hommes sans abri alors qu'il marchait sans but dans les rues de la ville, je lui ai demandé assez brusquement quel était son nom. Peut-être que sa réponse – trop longtemps considérée comme véridique – fut : « Frank Sullivan ».

« Pardonnez-moi », dis-je, réalisant immédiatement que je n'avais pas le droit de lui poser la question et que mon inconscience avait amené le garçon à répondre faussement. Le paria, méfiant envers son prochain, cherche fréquemment la sécurité dans le mensonge jusqu'à ce que l'amitié désarme les soupçons et que l'Amour fasse apparaître la Vérité qu'il n'a pas demandée.

« *Frank Sullivan* », dis-je. «Moi aussi, j'aime ce nom.»

Ainsi, sur mon invitation, il est venu avec plaisir dans notre petite famille pour partager l'heureuse liberté d'un foyer paisible, où d'autres comme lui donnent un travail honnête et reçoivent, non dans un esprit de charité organisée, mais dans la véritable chaleur de l'amour fraternel, l'hospitalité. d'un invité bienvenu.

Son cœur irlandais a vite compris le sens de son travail et a répondu volontiers par un service attentionné.... Si notre colonie auto-maître a attiré l'attention d'un homme à l'esprit large et bien connu dans le travail humanitaire afin qu'elle l'encourage, elle m'a porté, moi et mes rêves. d'élévation de plus en plus haute jusqu'à ce que les étoiles soient nos plus proches voisines - Sullivan, silencieux et attentif, me suivait dans mes rêves.

Si mon travail était mal compris et mes meilleurs efforts discrédités, Sullivan était à mes côtés, me consolant silencieusement par sa loyauté et son amitié.

Il a grandi dans ma vie. Je comptais sur lui et il ne m'a pas fait défaut.

« Richelieu, disais-je souvent, avait son frère Philippe pour l'aider dans ses ambitions et j'ai mon bon ami Sullivan. »

Puis, au fil des mois, une fois de plus, l'herbe étendait sous nos pieds son délicat tapis, les arbres fleurissaient en nous envoyant un message parfumé, l'oiseau bleu et la grive criaient par les fenêtres ouvertes jusqu'à ce que nous, occupés à notre travail, soyons obligés de remarquez que le printemps était arrivé, le début d'une autre année... Alors les Frères remarquèrent les progrès que nous avions faits au cours de l'année... Cela leur semblait si peu, si peu au monde extérieur.

"Cela a l'air plus prospère maintenant", dit fièrement Sullivan en observant les automobiles s'arrêter à la porte, "vous faites en sorte que Prince ainsi que Pauper vous rendent hommage."

« Non, Sullivan, pas moi ; c'est la Vérité dont tous ont faim — Pauvres comme Princes — et tandis que quelques-uns peuvent l'atteindre par la méditation et davantage par la prière, la plupart des gens comme vous et moi doivent l'atteindre par le service.

"Je ne te comprends jamais vraiment quand tu parles", dit-il, "je n'ai jamais pu lire ces vieux livres secs, malgré tous mes efforts... Mais au fait, je me demande si nous avons des couvertures pour le nouvel arrivant qui vient d'arriver. .»

Car les fils échoués de la ville viennent souvent rejoindre notre famille et partager notre simple hospitalité.

« Sullivan », dis-je un jour, « ce travail va grandir et grandir... Quand nous aurons gagné, je veux que tu partages le mérite avec moi – tu resteras, n'est-ce pas ?

Puis, ne recevant aucune réponse, je me tournai pour regarder et il était parti, parti offrir sa couverture au nouvel invité.

"Oui", je l'ai entendu dire, "J'ai des couvertures supplémentaires sur mon lit que vous pourriez avoir."

"Encore un mensonge. Sullivan, tu devrais toujours dire la vérité." Car les nuits étaient froides et les couvertures peu nombreuses. Et pourtant, puisque de nombreuses prières sont des mensonges, pourquoi certains mensonges ne pourraient-ils pas être des prières ? "Peut-être que dans ton sombre purgatoire, mon garçon irlandais, tes petits mensonges seront comptés comme des prières."

lui remettant, je souris un peu. Pour lui, j'ai toujours été un père indulgent, car un garçon et une fille s'aimeront, même s'il ou elle est notre enfant préféré.

Cette nuit-là, à la fin de la journée de travail, Sullivan est venu me voir pour me demander s'il pouvait me parler. C'était une demande étrange, car il ne semblait jamais vouloir parler, et je savais que quelque chose l'avait profondément ému.

"Vous savez que je ne m'appelle pas Frank Sullivan", a-t-il demandé.

"Oui, je sais," répondis-je.

"Mais saviez-vous que j'étais marié?" s'enquit-il.

« Quoi, un garçon comme toi marié ? J'ai demandé.

"Oui, je suis marié depuis plus de deux ans et j'ai une petite fille d'un an. Les lettres que j'ai reçues proviennent de ma femme Joséphine. Elle et moi nous sommes enfuis et nous nous sommes mariés, mais à notre retour, son père n'a pas voulu. acceptez-moi. Il a dit que je n'étais pas digne de sa fille - et il a sans doute raison. Il est riche et je ne pouvais pas la soutenir comme elle est habituée. J'ai donc été obligé de la quitter. je ne pouvais pas oublier.

« Tous ces mois, elle a travaillé pour intéresser son père à moi, et maintenant que le bébé a un an , il a décidé de m'aider... Nous, Joséphine et moi, savions qu'il s'adoucirait avec le temps ; vous voyez, lui aussi aime Joséphine et le bébé. Alors je veux aller vers eux.

"Oui", dis-je simplement, car un sentiment de perte imminente m'avait privé de mes jolis discours.

« Quand vous m'avez rencontré, je ne savais pas où aller ni quoi faire », a-t-il déclaré.

"Oui."

« Je me suis flatté de vous avoir été d'une certaine aide pour commencer votre travail. Dis-moi, est-ce que je t'ai fait du bien ?

"Oui."

"Je vais essayer de faire plaisir au père de Joséphine."

"Oui."

Puis, au bout de quelques instants, il dit :

"Maintenant qu'il est temps de vous quitter, je déteste vous quitter, vous et les garçons."

"Mais vous devez y aller", dis-je, "votre femme et votre enfant ont les premiers droits."

« Joséphine voulait que je te demande deux ou trois tapis que les garçons tissent. Nous les voulons pour notre nouvelle maison.

"Vous les avez peut-être."

Et je lui ai pris la main : « Au revoir, Sullivan.

« Ce n'est plus Sullivan, mais McLean », a-t-il répondu.

Alors qu'il se détournait, il dit à moitié avec regret : « C'est le décès de Sullivan. »

« Je me demande si Richelieu, après tout, a perdu son frère Philippe ? » Me suis-je demandé en lui faisant un signe de la main pour lui dire adieu.

QUAND SOEUR A APPELÉ

"O Seigneur, ce que je veux, c'est le premier pain. Ton décret, pas mon choix, ce pain doit être le premier."

—*Sidney Lanier.*

Quand ma sœur a appelé

IL est venu — Jim — hautement recommandé par deux types qui vivent de leur intelligence — l'un, Lakewood Joe et l'autre, Corduroy Tom. Ce sont mes amis, car ils me l'ont dit. L'un d'eux vient toujours me voir en hiver , impatient de trouver du travail dans une ferme ; l'autre avec quelques parapluies cassés et un pic de chemin de fer en guise de marteau, se lance avec le printemps en quête de « quelque chose à réparer ».

Réparer des parapluies était autrefois un métier réputé, mais il est tombé en discrédit depuis l'introduction du parapluie bon marché. Mais cette partie pathétique de l'histoire devrait être laissée à Lakewood Joe, car elle lui rapporte – un humble mécanicien – bien des tasses de café chaud, bien des sous.

La recommandation de mes deux amis était suffisamment forte pour me faire presque refuser l'admission au jeune Jim. Mais ses manières me plaisaient et notre comité d'accueil, composé de membres de la Famille, m'assurait que nous n'avions pas à craindre le pauvre Jim. Quoi qu'il en soit, celui qui n'a rien peut se lier d'amitié en toute sécurité avec qui il veut.

Jim nous a dit qu'il y a des années, il avait été un « cookie » – veuillez noter le « c'est-à-dire » – dans un camp de bûcherons dans un État de l'Est. Ainsi, lorsqu'un poste s'est libéré dans le département culinaire de notre maison, Jim a été sélectionné pour ce poste.

Il s'est avéré un excellent assistant et a travaillé pour la maison - comme le dit l'expression - il a rendu le café si faible, il a fait aller la soupe aux pommes de terre si loin, que moi, économe par habitude et par nécessité, je rougirais chaque fois qu'un des garçons disait qu'il a apprécié le bon dîner.

Je n'avais pas besoin de craindre car c'était le sourire de Jim qui nous rendait tous satisfaits du tarif simple .

« Un grand cuisinier », disaient les garçons.

« Un grand cuisinier », répondions Echo et moi.

Jim avait vécu cette situation à la dure pendant plusieurs années et connaissait un peu les sentiers battus. Il avait travaillé quand il était enfant dans l'usine de son père et comme certains ouvriers estimaient qu'ils n'étaient pas correctement payés, le fils s'est joint aux ouvriers et a fait grève contre son père.

Dans l'excitation de la grève, le père avait parlé à son fils de sa participation aux grévistes. Cela ressemblait au père à de la déloyauté, à de l'ingratitude. Quant au fils, il ne parvenait pas à analyser suffisamment son propre état psychologique pour expliquer pourquoi sa sympathie s'était portée sur les grévistes, mais ne se sentant plus le bienvenu dans l'ancienne maison, il commença à errer.

Sept ans s'étaient écoulés depuis qu'il avait écrit aux vieux. Une ou deux fois, il avait entendu indirectement parler de la recherche de son père, mais il ne pouvait même pas se résoudre à écrire, encore moins à revenir.

Il était avec nous depuis près d'un mois quand finalement, un soir, alors qu'il voyait les autres garçons écrire des lettres à leurs maisons, il décida qu'il écrirait lui-même une lettre à sa sœur mariée en Pennsylvanie. Lorsqu'il a été rédigé et envoyé par courrier, il a à moitié regretté ce qu'il avait fait.

N'était-il pas un vagabond – un jeune vagabond si l'on préfère – et pourquoi penserait-il à son foyer après toutes ces années, même si la sympathie bienveillante qu'on trouve à la Colonie lui rappelait ces jours meilleurs ?

Mais la lettre était déjà en route… Il se demandait ce que sa sœur pourrait penser, comment elle pourrait agir… Elle avait toujours tenu à lui.

La soupe aux haricots qu'il préparait pour le dîner brûlait pendant qu'il était plongé dans ses pensées, et il se reprochait sa distraction.

« Les garçons devront manger de la soupe brûlée juste parce que je me sens sentimental », se dit-il.

Puis un mot est venu indiquant qu'une jeune femme joliment habillée arrivait dans l'allée. Il y a de nombreux visiteurs au salon de thé de la Colony House, cela n'a donc pas dû provoquer d'excitation. Mais quelqu'un a murmuré : « Regardez Jim !

Il avait jeté un coup d'œil à l'étranger qui approchait, et il était pâle et tremblant. Il m'a dit d'une voix faible : « C'est ma sœur. Dites-lui que je suis parti ce matin… Dites-lui que j'ai un poste.

Et puis la cloche a sonné et il a dit :

"Attends, je vais la voir."

Alors, se brossant les cheveux et arrangeant sa cravate , il alla rencontrer sa sœur.

Le garçon sans-abri et paria faisait face à sa sœur aristocratique au visage doux ! En les voyant, les garçons ne savaient pas lequel plaindre le plus, même si la sympathie semblait être en grande partie dirigée vers Jim.

« Est-ce que tout le monde va bien ? » demanda le frère, essayant de soulager la tension de la situation.

"Oui," répondit-elle, "mais pourquoi n'as-tu jamais écrit toutes ces années ? J'ai reçu ta lettre ce matin et je suis partie dans une heure pour te rejoindre de peur de te perdre à nouveau. Père t'a recherché partout. Il pense il a été dur avec toi quand tu as frappé ce jour-là les hommes, car tu n'étais qu'un enfant.

«Je pensais que je pourrais vous faire venir à la maison avec moi», a-t-elle poursuivi, «mon mari et moi avons une magnifique maison. Vous êtes toujours le bienvenu... Ou pourquoi ne retournez-vous pas à votre ancien travail avec Père. Il a besoin de toi. Il vieillit.

"Tu penses qu'il me reprendrait?"

"Volontier. Que faites-vous ici?"

«Je suis cuisinier pour les garçons», dit-il.

« Toi, cuisinier ? » elle a souri. "Eh bien, tu ne ferais pas la vaisselle pour moi à la maison quand nous étions enfants. Tu ne peux pas être un grand cuisinier... Mais peu importe. Je t'ai trouvé."

« Au diable ! J'ai laissé ces haricots brûler à nouveau. Et il s'excusa un instant.

À son retour, il a dit : « Je vous écrirai si je peux décider de rentrer chez moi. Ça arrive un peu soudainement, tu sais. Je suis un enfant prodigue depuis trop longtemps pour devenir instantanément le garçon aux cheveux blancs d'un père.

Puis, au bout d'un moment, il demanda : « Savez-vous ce que Mère mettait dans les haricots lorsqu'elle les brûlait pour en enlever le goût de fumée ? »

"Jim, maman n'était pas ce genre de cuisinière."

Alors que la sœur sortait pour monter dans la voiture, elle dit : « Promets-moi que tu ne partiras pas d'ici sans m'écrire. Je ne veux plus te perdre.

«Je le promets», dit-il.

***

Ce soir-là, les garçons dînèrent en silence. Chacun était plongé dans ses pensées.

"Dommage que les haricots soient brûlés", dit Jim.

«Je les aime comme ça», répondit l'un des garçons. "Cela leur donne un goût différent."

Ce soir-là, après le dîner, personne n'a écrit de lettres, ce qui était inhabituel, et l'un des garçons a demandé en plaisantant à un autre garçon près de lui : « Pourquoi n'écris-tu pas une lettre à ta sœur ?

«J'ai peur», répondit le garçon, «qu'elle puisse répondre en personne comme l'a fait la sœur de Jim.»

Jim a accepté un emploi dans une ferme et économise son argent. Il en a presque assez pour retourner dans son ancienne maison ; il refuse toute aide de son père ou de sa sœur.

«J'y retournerai comme je suis parti, de manière indépendante.»

***

ÉTOILE DU SOIR D'EDISON

« Cherchez celui qui fait les sept étoiles et Orion : le Seigneur est son nom. »

-Bible.

L'étoile du soir d'Edison

Hamlet : "Oui, mari, pourquoi a-t-il été envoyé en Angleterre ?"

Premier Clown : « Eh bien, parce qu'il était fou : il y retrouvera la raison ; ou s'il ne le fait pas, ce n'est pas grave.

Hamlet : "Pourquoi ?"

Premier Clown : « On ne le verra pas là-bas ; là, les hommes sont aussi fous que lui.

—Shakespeare .

ÊTRE ennuyeux est tristement malheureux, mais être ennuyeux et être obligé de vivre dans une colonie composée de jeunes hommes plus ou moins téméraires est doublement malheureux.

Dans le groupe, les excentricités sont vite découragées. Le râleur, l'excentrique, l'intimidateur, s'il veut rester et vivre en harmonie, doit apprendre sa leçon de démocratie - l'individualiste n'a qu'un court délai .

Bien sûr, l'homme à l'esprit plat devrait bénéficier de l'immunité à tout moment, et en théorie c'est le cas, mais dans la pratique, même l'homme au cœur le plus doux aura sa petite plaisanterie aux dépens de l'homme le moins alerte mentalement. Les membres de la Colonie ne font pas exception à cette règle.

"Parlez-nous-en davantage", demandèrent les garçons au Moon-Struck-One, un soir après la journée de travail , "sur les habitants de Mars, que vous voyez dans vos transes."

Et puis lui – le Moon-Struck-One – expliquait en détail les personnes étranges qu'il avait vues dans ses rêves.

« Ces planètes, leur dit-il, sont toutes préparées pour la prochaine race humaine. Après des cycles et des cycles, nous passons à des mondes plus nouveaux et meilleurs. Chacune des sept planètes mystiques est à au service du genre humain. Maintes et maintes fois, un monde nouveau a porté le fardeau de l'espoir et du désespoir de l'homme en évolution. Sept Soleils –

vous riez, la plupart des hommes rient, les hommes d'Église rient, ils ne savent pas, ils n'ont pas vu – mais moi je sais et j'ai vu.

«Comme c'est intéressant», dit un garçon en faisant un clin d'œil sournois à ses camarades. « Je m'y connais moi-même en astronomie ; mon frère était diplômé de Princeton.

C'était un soir d'été lorsque cette conversation eut lieu et les garçons étaient assis sur la pelouse, profitant de l'air de la nuit, car la journée avait été chaude et oppressante.

« Que savez-vous des étoiles ? dit le Sage Frappé par la Lune.

« Très peu, mais dites-le-nous », dit l'un des garçons, « car je crois en vos visions. J'ai moi-même rêvé une nuit d'un grand incendie – mauvais signe comme vous le savez très bien – et le lendemain, je me suis fait "pincer".

"Oui, vous êtes profondément instruit dans les étoiles", dit-il avec un sourire sceptique, "c'est-à-dire que je suppose que vous pouvez faire la différence entre une étoile et une lanterne."

"Attention", dit un garçon qui n'avait pas encore parlé, "il se moque de vous".

"Non, sérieusement," dit le Sans d'esprit, "quand j'ai dit "lanterne", je faisais référence à la lumière qu'Edison allume chaque nuit lorsque le temps est clair - vous l'avez sans doute lu. Il envisage de construire une lumière. qui illuminera ce pays la nuit presque aussi brillamment que le soleil l'éclaire le jour... Voyez-vous cette lumière juste au-dessus des arbres à l' Est, vous pouvez la dire car elle est plus grande que toutes les étoiles qui l'entourent. l'apparence d'une étoile seulement beaucoup plus brillante. La voyez-vous ?

"Oui", dirent les garçons qui retenaient toute leur attention, même si un ou deux étaient sceptiques jusqu'à ce que l'un des membres du groupe se souvienne qu'il avait lu quelque chose sur la puissante lumière d'Edison dans le supplément du dimanche d'un journal new-yorkais.

"C'est un homme merveilleux", a déclaré un autre.

Finalement , tous furent convaincus et le Moon-Struck-One, satisfait, se leva assez brusquement et entra dans la maison.

Quelques jours plus tard, il quitta la colonie pour se rendre chez ses parents dans une ville lointaine, et les garçons n'eurent donc personne à qui jouer des tours, personne qui ne soit leur égal en esprit.

C'est quelques semaines après qu'un des jeunes gens me dit, pendant que nous causions le soir dehors :

"Il y a cette lumière d'Edison suspendue au-dessus des arbres."

"Où?" J'ai demandé.

« Cette lumière brillante là-bas qui ressemble à une grande étoile. Le Sans-Vent nous en a parlé. D'une certaine manière, il était vraiment plus sage que ce que nous lui attribuions.

«C'est l'Étoile du Soir», dis-je.

"C'est ce que?" » demanda un autre garçon.

"C'est Vénus, l'Étoile du Soir."

"Il nous a dit que c'était Edison qui l'avait installé là-bas."

"Donc ce n'est vraiment pas un ballon illuminé ?"

Les garçons se regardèrent tour à tour, puis tout le monde a ri longtemps et fort.

« La Bible ne dit-elle pas : 'Répondez à l'insensé selon sa folie ?' » a demandé un garçon.

"Oui, et il est dit aussi : 'Ne réponds pas à l'insensé selon sa folie, de peur que toi aussi tu ne lui ressembles.'"

DANS LE MONDE DE L'ERREUR

« Entretenir de vraies relations avec des hommes à une époque fausse, cela
vaut un accès de folie, n'est-ce pas ? »

—Emerson.

Dans le monde de l'errance

L' esprit de l'aventure s'empare du monde entier aux premiers jours du
printemps - le soi-disant vagabond prend la route, le millionnaire dans sa
maison de campagne, chacun se réjouit que le long emprisonnement de
l'hiver soit passé, car tous les hommes sont semblables. dans leur amour de
la liberté. C'est une recherche de l'idéal. Avec De Soto, nous dirions : «
Quelque part, si vous cherchez inlassablement, vous découvrirez et boirez la
fontaine de jouvence et de bonheur. »

"Les hommes ont dit qu'ils ne comprenaient pas mes errances agitées", a fait
remarquer Lakewood Tom. « Se pourrait-il qu'ils n'aient jamais assisté à
l'arrivée du premier rouge-gorge et qu'ils ne sachent pas qu'il inaugure le
nouveau régime de promesse et de prospérité ?

" D'autres hommes peuvent s'attarder dans le crépuscule déclinant d'une
journée fatiguée. Je vais saluer le soleil levant. Même les oiseaux, petits
vagabonds des airs, lèvent joyeusement leur camp au début du mois de mai.
Comme eux, moi aussi, je prends le large. route et marche par la foi.

"Mais vous, mes seigneurs, avec vos biens terrestres, n'êtes pas moins que
moi des vagabonds. Du garde-manger inépuisable du Divin, Dieu vous
donne pour ainsi dire une croûte de pain, et les hommes vous appellent
puissants en richesses. Prenez conseil d'un vagabond, et apposez votre
marque sur la maison où vous avez trouvé grâce, de peur qu'après de
nombreuses années, découragé, vous ne repassiez par là et n'ayez besoin
d'une autre « aumône » - peut-être pas d'une croûte de pain, mais d'un cadeau
plus durable - un Idéal peut-être, qui n'échouera pas si tôt. Parfois, je trouve
triste qu'on ne donne à l'homme que ce qu'il demande.

« Adieu », dit Lakewood Tom en prenant son bâton, « quand la neige tombera
l'année prochaine, je pourrai visiter à nouveau votre monastère avec votre
permission, si par heureux hasard je suis sur cette terre. Sinon, je te
retrouverai un jour de Noël sur la planète Mars, car je n'oublie jamais un ami.
Bonne acclamation! Adieu."

« Beaucoup de privations ont rendu fou le vieil homme », a déclaré un camarade qui, avec moi, regardait le vieux vagabond marcher lentement dans l'allée.

«Je ne sais pas», dis-je.

LES DEUX JEANS

« À chaque homme viennent de nobles pensées qui traversent son cœur
comme de grands oiseaux blancs. »

—Maeterlinck.

Les deux jeans

« Les temps sont toujours difficiles à Bowery », m'a dit mon petit informateur. C'était un nouveau venu dans notre colonie. Lui, en compagnie d'un autre jeune homme, était apparu une heure ou deux auparavant, mais je n'avais pu lui parler que pour lui assurer que lui et son ami pourraient rester avec nous au moins une nuit. « Oui, monsieur, continua-t-il, sans argent, un homme est mort ; même dans cet étrange repaire d'hommes étrangers, l'argent est un besoin quotidien. Bien sûr, certains hommes qui connaissent les voies cachées peuvent se débrouiller avec seulement vingt cents par jour, voire moins, mais pour ma part, je ne pourrais pas exister avec moins de trente-cinq cents.

Les chiffres qu'il évoque me paraissent assez modestes. « Tu ne pourrais pas gagner autant ? » Je lui ai demandé.

"Je suis si petit que personne ne m'embaucherait", a-t-il répondu. "Je pouvais faire des courses de temps en temps. Bien sûr, pendant que ma mère vivait, elle gardait une maison pour moi, mais après sa mort, je ne savais plus quoi faire. Je restais seulement assis dans la maison jour après jour et regardais dehors. "

Il a ri facilement en me demandant : "Tu connais le poème de James Whitcomb Riley,

'Je suis donc un petit garçon infirme

Et je ne grandirai jamais,

Et c'est un très grand homme du tout,

Parce que ma tante me l'a dit.

«Je pense plutôt que je suis ce garçon. Une fois, j'ai trouvé ce poème par hasard et je l'ai lu à ma mère. Elle m'a pris le livre avec douceur, puis m'a entouré de ses bras et m'a dit d'être un bon garçon et que tout se passerait bien. Mais ils ne se sont jamais bien passés. Peut-être que je n'étais pas assez bien ; mais cela ne peut pas vous intéresser. Vous entendez assez d'histoires de malchance sans la mienne.

« Si vous souhaitez me le dire, dis-je, je serai très heureux de vous écouter.

"Eh bien, c'est seulement ça", a-t-il poursuivi. "Laissé à moi-même, je n'étais pas assez intelligent pour gagner ma vie. Je ne peux pas obtenir en même temps le loyer de ma chambre et l'argent de mon déjeuner. Si je déjeune, je n'ai pas de chambre, et si j'ai une chambre Je n'ai rien à manger."

Il est devenu très sérieux. Il pouvait rire de son dos difforme, plaisanter sur sa difformité, mais la faim — même à l'idée de la faim — le sourire quitta son visage, la couleur de ses lèvres.

"Es-tu faible?" lui ai-je demandé rapidement.

« Non, je suis un lâche, dit-il, juste un lâche. Vous voyez, je suis battu et je le sais.

"Dans quelques jours, vous irez mieux", dis-je, "et vous pourrez critiquer la nourriture aussi joyeusement que n'importe quel autre membre de ma famille." J'ai ri assez gaiement , mais il n'a pas ri avec moi. « Est-ce que vous et ce garçon êtes amis depuis longtemps ? Où l'as-tu rencontré?" J'ai demandé.

« Dans le parc, il y a quelques semaines. Lui non plus n'a pas de maison. Il dormait dehors et moi aussi. Il m'a donné un morceau de journal à mettre sous moi, car le sol était humide. Alors j'ai essayé de lui parler... Il est beau, n'est-ce pas ?

Je l'ai admis.

"Eh bien, c'est un mannequin russe", dit le garçon.

« Il est quoi ? J'ai demandé.

« Il vient d'arriver de Russie il y a trois mois et il connaît très peu la langue anglaise. Il n'a pas la moindre idée de ce dont je te parle depuis tout ce temps. Nuit après nuit, n'ayant pas de lit pour dormir, il s'est effondré dans le parc ou a porté la bannière jusqu'au matin.»

"Alors tu l'as amené avec toi?"

"Oui; Je ne savais pas si tu nous accueillerais ou non. J'ai pensé que je l'emmènerais avec lui sur la théorie selon laquelle le sol de Jersey n'est pas plus difficile à dormir que celui de l'État de New York. Si vous devez nous refuser, notre situation ne sera pas pire que celle que nous avons été.

«Nous ferons de la place d'une manière ou d'une autre pour vous et votre ami», lui ai-je dit.

Alors Jean — le petit Jean, comme l'appelaient les garçons — a fait une pantomime pour l'illumination de la jeunesse russe qui s'appelait aussi Jean. Finalement, le plus grand des garçons comprit que je leur avais donné la permission de rester, car il se tourna vers moi et dit simplement : « Bien », puis il s'inclina gracieusement. Petit Jean avait raison : Grand Jean était beau.

«J'aimerais être grand et fort comme lui», dit Petit Jean avec admiration....

<hr>

... Les semaines passent vite quand on a du travail à faire, et les deux Jeans ont appris à connaître la Colonie. Big Jean passait ses heures libres à étudier l'anglais et à discuter avec les autres garçons. Le petit Jean se liait d'amitié avec les poules, les cochons, la vache et le cheval, tandis que Boozer, le chien de la Colonie, et lui étaient des amis inséparables.

« Boozer, m'a dit Petit Jean, connaît le cœur des garçons et des hommes exclus. Il accueille les nouveaux arrivants à la porte et les accompagne jusqu'à la maison. Il peut contester l'approche illégale de l'homme riche dans sa voiture et avertir la maison d'un éventuel danger imminent, mais le "chevalier de la route" le plus négligé trouvera Boozer prompt à se lier d'amitié avec lui.

Big Jean, avec sa salutation aimable, s'occupait des invités qui visitaient le salon de thé, car il apprenait rapidement à parler anglais. Le récit de son service courtois parvint aux oreilles d'un Japonais bien éveillé qui avait besoin de lui pour l'aider dans son hôtel. Alors un jour, il fit venir le jeune Russe.

Au début, le salaire devait être de vingt dollars par mois, avec logement, pension et pourboires supplémentaires.

"Vous avez besoin de moi dans votre salon de thé, M. Floyd", a-t-il déclaré, "je suis prêt à rester."

"Non, Jean, tu dois prendre position et me prouver, ainsi qu'à toi-même, que tu peux réussir . "

Cette nuit-là, il écrivit à sa mère âgée en Russie qu'il existait de merveilleuses opportunités pour les jeunes hommes en Amérique.

Quand il fut parti, je cherchai Petit Jean. Je l'ai trouvé sur la pelouse avec son copain, Boozer. Il ne m'a pas vu alors que je m'approchais, mais tandis que je le regardais, l'idée m'est venue qu'il avait soudainement vieilli, et il y avait sur son visage un air anxieux - le même que j'avais vu lorsqu'il m'avait parlé du première fois.

« Boozer », je l'ai entendu dire, « tout va bien ; Je suis un lâche, je suis battu et je le sais, mais je suis content que Big Jean ait obtenu le poste – honnêtement, Boozer, je le suis – vous voyez, ce n'est pas entièrement de ma faute – il est tellement beau.

Boozer approcha son visage de celui du Petit Jean et tendit la patte au garçon découragé. Vous voyez, lorsque vous vivez votre vie chez les Maîtres de Soi, vous ressentez la pensée intérieure des hommes brisés. Boozer – qui ne connaît pas d'autre vie – comprend le cœur des découragés. Je n'ai pas interrompu les deux amis, mais je suis retourné à la maison.

"Que peux-tu faire pour aider le pauvre Petit Jean ?" m'a demandé un visiteur. « Il ne semble y avoir aucune position au monde pour lui. Que peux-tu faire pour lui ?

"Je ne vois pas beaucoup de chance", répondis-je, me méfiant pour le moment de cette direction divine qui n'échoue jamais.

Ce n'est que deux jours après le départ de Gros Jean qu'une gentille vieille dame est venue à la Colonie. Elle voulait un garçon qui prendrait bien soin de ses chevaux et qui la conduirait, elle et son mari, de chez elle à la gare. "Je veux un garçon qui aime les animaux", a-t-elle déclaré.

Alors Petit Jean a sa place dans le monde, comme vous et moi si seulement nous parvenons à la trouver...

... Le jour de Noël, Grand Jean apporta quatre grosses tartes qu'il avait préparées spécialement pour le dîner des Maîtres Soi.

Et Petit Jean a apporté son cadeau de Noël – le tout soigneusement ficelé dans une boîte ornée de rubans roses – une livre de viande pour Boozer.
